UNIVERSITÉ DE FRANCE.

ACADÉMIE DE STRASBOURG.

ACTE PUBLIC
POUR LA LICENCE,

PRÉSENTÉ

A LA FACULTÉ DE DROIT DE STRASBOURG,

ET SOUTENU PUBLIQUEMENT

Le Jeudi 27 Août 1846, à midi,

PAR

PIERRE-ALPHONSE BOULANGER,

DE SARREGUEMINES (MOSELLE).

STRASBOURG,
IMPRIMERIE DE Ve BERGER-LEVRAULT, RUE DES JUIFS, 33.
1846.

A MON PÈRE

ET

A MA MÈRE.

P. A. BOULANGER.

FACULTÉ DE DROIT DE STRASBOURG.

PROFESSEURS.

MM. Rauter ✻, Doyen et professeur de procédure civile et de législation criminelle.
Bloechel, Professeur de Droit civil français.
Hepp ✻, Professeur de Droit des gens.
Heimburger, Professeur de Droit romain.
Thieriet ✻, Professeur de Droit commercial.
Aubry ✻, Professeur de Droit civil français.
Schützenberger ✻, Professeur de Droit administratif.
Rau, Professeur de Droit civil français.

PROFESSEURS SUPPLÉANTS.

MM. Eschbach.
Destrais.

M. Pothier, Secrétaire, agent comptable.

M. Thieriet ✻, Président de l'acte.

Examinateurs MM.
- Thieriet ✻,
- Aubry ✻,
- Schützenberger ✻,
} Professeurs.
- Eschbach, Professeur suppléant.

La Faculté n'entend ni approuver ni désapprouver les opinions particulières au candidat.

JUS ROMANUM.

DE PIGNORIBUS ET HYPOTHECIS.

De natura pignoris.

Pignus triplicem significationem recipere potest. Nunc rem obligatam, nunc jus creditoris, aut factum interveniens quo jus constituitur, indicat. Generaliter autem secundam interpretationem recipit. Et in hoc sensu dicere possumus; pignus est jus in re aliena (D. fr. 45 de reg. jur.) creditori, quod ei debetur, servandi causa constitutum.

Ex his MARCIANI verbis « *Inter pignus et hypothecam tantum nominis sonus differt* » (D. fr. 5, §. 1, de pign. et hypoth.), immerito credas nullum esse discrimen.

Restringenda est illa propositio inspicienti titulum sub quo proponitur « *ad formulam hypothecariam.* » Et sane nulla distinctio pignus inter et hypothecam, quoad actionem hypothecariam attinet; sed nos docet ULPIANUS pignus proprie dici, cum ad creditorem transfertur possessio, hypotheca si non transit; quod a JUSTINIANO confirmatur. (Inst. §. 7 de act.)

Ut possit existere pignus necessaria sunt:

a) *Obligatio*, cui pignus accedat. Constitui autem potest pignus sive pro sua, sive pro aliena obligatione (D. fr. 5, §. 2, de pign. et hypoth.).

b) *Res*, in qua jus exerceatur; quod infra melius apparebit.

c) *Factum interveniens*, quo jus constituatur; quod in constitutione pignoris tractabimus.

Quæ res pignori dari possunt.

Res omnes quarum commercium est, oppignerari possunt (D. fr. 9, §. 1, de pign. et hypoth.); tam mobiles quam immobiles. Mobiles, jus pignoris proprie dicti tantum recipere videntur (D. fr. 238, §. 2, de signif. verb.); prædia autem hypothecæ dari melius dicas (Inst. Just. §. 7 in fine, de act.); sæpius tamen illa distinctio non observatur.

Possunt et futuræ res obligari, velut ancillarum partus et fœtus pecorum (D. fr. 15 pr. de pign. et hypoth.). Incorporales quoque pignorari non dubium est, verbi gratia nomen debitoris (C. L. 4, quæ res pign.) et jus ipsum pignoris, et ususfructus, quamvis proprietarius creditori obstare possit; sed exceptione *pacti conventi* prætor tuebitur creditorem (D. fr. 11, §. 2, de pign. et hypoth.); et via, iter, aquæductus, hac lege ut quandiu suum non habebit creditor, eis utatur si vicinum fundum habeat, et postea vendere liceat (D. fr. 12, h. t.); sed generaliter jura prædiorum urbanorum non obligari possunt (D. fr. 11, §. 3, h. t.).

Quam rem non alienare, eam nec pignori dare possumus (D. fr. 1, pr. quæ res pign.; fr. 18, §. 4, de pign. act.). Si res, ignorante domino, obligatur et deinde dominus ratum habuerit, valet pignus (D. fr. 20, pr. de pign. act.). Nec dubium est socium posse rem communem pro sua portione oppignerare (D. fr. 6, §§. 8 et 9, de comm. divid.; C. L. unic., si comm. res pign.).

Res in specie, vel in genere, vel etiam universa bona hypothecæ dari possunt, et his casibus pignus speciale, vel generis, vel universorum bonorum dicitur (D. fr. 1 pr.). In pignore rerum singularum creditori incumbit probatio, eas tempore obligationis in bonis debitoris fuisse (D. fr. 15, §. 1; fr. 9, de pign. et hypoth.). Quoad pignus generis spectat, res omnes ejusdem generis quæ in bonis debitoris sunt, vel erunt, obligantur. Denique universorum bonorum pignus locum habet cum patrimonium omne debitoris oppigneratur, tam præsens quam futurum (D. fr. 1, pr.; fr. 6, de pign. et hypoth.). Exceptis tamen iis quæ verisimile est quemquam specialiter obligaturum non fuisse (D. fr. 6, h. t.). In duobus istis generis et universorum bonorum pignoribus, animadvertere debemus bona quæ ab hærede debitoris adquisita ex alia causa sunt, nequaquam recipere pignerationem (D. fr. 29, de pign. et hypoth.). Generaliter tamen in verbo futurarum rerum omnia quæ debitori ex qualibet causa adquisita sunt, comprehenduntur. Si debitor, consentiente creditore, res pignori suppositas vendiderit et postea rursus easdem adquisiverit, renovatur ne pignus? Hoc olim dubium erat. JUSTINIANUS noluit renovari (C. L. 11, de remiss. pign.).

Quibus modis pignus vel hypotheca constituitur.

Si de constitutione pignorum requirere volumus, hic duplex est ratio dissertationis, et successim pignus voluntarium et pignus necessarium tractabimus (C. L. 2, de præt. pign.).

1.° Voluntarium pignus est quod inter partes sponte constituitur. Ad hoc sufficit nuda conventio, id est cum res pignori mutuo consensu obligata fuit; actio in rem serviana aut quasi serviana competit (D. fr. 1, pr. de pign. act.). Nec rei interest quibus verbis, etiam sine scriptura si convenit, dum hypotheca probari possit (D. fr. 4, de pign. et hypoth.).

Pignus tamen apud JUSTINIANI institutiones realis contractus dicitur ad quem necessaria est traditio. Quid? Traditio necessaria est ut obligatio pigneratitia constituatur, id est ut debitor rem obligatam actione pigneratitia directa repetere possit (Inst. Just. §. 4, quib. mod. re contrah. obligat.) — [Quid manifestius, cum restituere nemo potest quod non recepit?], et ut contraria pigneratitia creditor utatur si necessarias pro pignore fecerit impensas (D. fr. 8, pr. de pign. act.), aut si rem alienam debitor pignori dederit (D. fr. 9, pr. h. t.).

Testamento quoque voluntarium constituitur pignus. Tum non est conventio (D. fr. 26 pr. de pign. act.).

2.º Necessarium pignus est quod ex lege, vel auctoritate magistratus aut judicis constituitur.

a) Lege constituitur pignus verbi gratia *in pignoris capione* quæ olim actio legis erat, quod certis verbis pignus capiebatur. Sic, ut refert Gaius, licebat militi pignus capere pro non soluto stipendio, ab eo qui distribuere debebat (Gaius, Inst., tit. IV, §. 27 et seq.). Bona quoque ejus qui censetur, aut cum fisco contrahit, tacite obligantur (C. L. 1 et 2 in quib. caus. pign.). Idem et bona novi mariti matris, certo casu, ratione tutelæ præteritæ obligantur (C. L. 6, h. t.).

b) Auctoritate magistratus, id est *prætorium pignus* constituitur si ex qualibet causa creditorem prætor in possessionem miserit (D. fr. 26 de pign. act.), et in provinciis, præses (D. fr. 15 pr. et §. 1 de re judic.). Fundus etiam pupillaris jussu magistratus pignori capi et distrahi potest (D. fr. 3, §. 1 de reb. eor. qui sub tut.).

c) Pignus quod ex judicis auctoritate venit, judiciale dicitur. Ob causam judicati ista pignora capiuntur (C. L. 1 si in causa judic. pign.).

Nec prætorium, nec judiciale pignus intelligitur, nisi in possessionem ventum fuerit (D. fr. 26, §. 1 de pign. act.). Constitui potest pignus pro quacumque obligatione, vel in diem, vel sub conditione, vel civili, honoraria et etiam naturali (D. fr. 5 pr. de pign. et hypoth.).

De actionibus ad pignus constitutis.

Successim creditoris et debitoris jura inspicienda sunt cum actionibus quas habet uterque, ut jus suum exerceat.

A. *Jus creditoris in re pignerata.* Finis pignoris hæc est ut creditor solvatur. Illi ergo rem pigneratam retinere licet, atque eam apud quemcumque persequi, et ad hoc duplex ei competit actio, in rem et in personam.

1.° *In rem*, id est serviana et quasi-serviana (D. fr. 12, §. 1 quib. mod. pign. solv.; fr. 16, §. 3 de pign. et hypoth.).

Olim si creditor pignoris possessionem amitteret, nulla actio jus suum tuebatur. Prætor SERVIUS actionem introduxit *de rebus coloni quæ pignoris jure pro mercedibus fundi ei tuentur* (Inst., §. 7. de act.). Mox autem interpretatione prudentum serviana actio ad omnes casus porrecta fuit (D. fr. 5 de pign. et hypoth.; Inst., h. t.). Possessor rei obligatæ qui hac actione convenitur, solvere vel rem restituere debet (D. fr. 16, §. 3 de pign. et hypoth.). Creditori qui serviana actione utitur incumbit probatio pactum fuisse de pignore a domino (D. fr. 23 de probat.).

2.° *In personam*. Creditor actionem pigneratitiam habet in debitorem qui rem obligatam recuperavit, et ad necessarias impensas (D. fr. 3, fr. 8, fr. 9 pr. de pign. act.).

Agens creditor quibusdam exceptionibus repellitur, veluti exceptione doli et præscriptionis triginta vel quadraginta annorum (C. L. 7 de præscript. xxx vel xl ann.).

Si debitor legitime interpellatus post diem solutionis cessaverit, creditor pignus vendere potest. Si pro obligatione temporibus divisa acceperim pignus, mihi non prius vendere licet quam dies omnium pensionum sint præteritæ (D. fr. 8, §. 3 de pign. act.).

Si pignus generis, vel universorum bonorum sit, creditor res vendendas eligendi facultate fruitur (D. fr. 8 de distr. pign. et hypoth.). Nec tamen res obligatas omnes sine ordine distrahere licet; res mobiles primum venduntur; quarum si pretium non suffecerit, tum prædia distrahi possunt (D. fr. 15, §. 2 de re judic.). Pignora ob causam judicati data ex auctoritate judicis venundantur (C. L. 2 si in caus. judic. pign. capt. sit.). Creditor bona fide et solemniter vendere debet (C. L. 9 de distr. pign.; D. fr. 22, §. 4 de pign. act.). Sin autem nullus reperitur emptor, ipsi creditori bona addicuntur (D. fr. 15, §. 3 de re judic.).

B. *Jus debitoris*. Cum omnis pecunia exsoluta sit, nascitur debitori pigneratitia actio directa (D. fr. 9 §. 3; fr. 11, §. 3 de pign. act.). Creditor fructus et omnia quæ ex re acquisiverit, restituere debet (Paul.

Sent. II, 13, §. 2 de leg. comm.). Et de superfluo, distractis pignoribus, tenetur.

Creditor rei obligatæ custodiam præbet. In actione pigneratitia dolus et culpa veniunt (C. L. 19 de pign. et hypoth.; D. fr. 13, §. 1 de pign. act.); sed de vi majore et casu minime tenetur (C., loc. cit.; D., loc. cit.). Sufficit creditori si exactam diligentiam præstiterit (Inst., §. 4 quib. mod. re contr. oblig.).

De pactis adjectis.

Pignorum constitutio, ut supra apparuit, nudo consensu efficitur (D. fr. 4 de pign. et hypoth.). Hinc partes pacisci generaliter possunt quæ voluerunt. Multa pactorum reperiuntur exempla, veluti : *res quas quis habuit habiturusve sit* (D. fr. 6 de pign. et hypoth.); quibus verbis universorum bonorum pignus constituitur.

Hac lege quoque fit pignus *ut si intra certum tempus non sit soluta pecunia jure emptoris possideat rem, justo prætio tunc æstimandam* (D. fr. 16, §. 9, de pign. et hypoth.): hoc enim casu videtur quodammodo conditionalis esse venditio.

Pactum quoque antichreseos receptum est (D. fr. 11, §. 1, h. t.), quo convenit ut creditor re pignerata uti possit in vicem usurarum.

Multa sunt alia pacta.

Commissoria lex qua convenit ut non soluto intra certam diem debito pignus creditori cedat, omnimodo prohibetur (C. L. 3, de pact. pign. et de lege commiss.).

Pactum *ne pignus vendatur* ipsi naturæ pignoris repugnat.

Quibus modis pignus solvitur.

Debitor solvendo solvit pignus (D. fr. 6 pr. quib. mod. pign. vel hypoth. solv.). Nec interest utrum ipse debitor, vel fidejussor, vel quiscumque solverit (D. loc. cit.). Et nihil manifestius cum in securitatem crediti tantum pignus fiat. Potest evenire ut satisfacto creditore pignus tamen maneat; quod accidit si jus suum vendiderit creditor (D. fr. 5, §. 2, h. t.).

Præterea pignore in favorem creditoris præcipue constituto, ille remissionem facere potest sive expressivam, sive tacitam.

a) *Expressiva remissio* dicitur, verbi gratia, si creditor paciscatur *ne pecuniam petat* (D. fr. 5 pr. quib. mod. pign. vel hypoth. solv.), et multis aliis modis solvitur pignus cum creditor voluntatem remittendi explicitam manifestavit.

b) *Remissio tacita* plurimis casibus præsumitur, quos ex sequentibus exemplis facile disces :

1.° Præsumitur remissio si creditor debitori vendere pignus permisit. Idem juris est si consenserit ut debitor rem permutet vel donet (D. fr. 4 quib. mod. pign. vel hypoth. solv.). Quæ tamen concessio modum accipere potest adjecto pacto *salva causa pignoris sui* : quod sæpe fit (D. loc. cit.). Nec interest utrum ante venditionem consenserit creditor an perfectam ratum habuerit. Aliquando creditor alienationem debitori permittit ut hic debitum facilius solvat, quo casu qui emit cautionem dare cogitur ut pretium usque ad summam debiti solvatur (D. fr. 8, §. 10, quib. mod. pign. vel hypoth. solv.). Si debitor et emptor convenerunt, *ut a venditione discederent*, jus pignoris integrum manebit (D. fr. 10 pr. h. t.).

2.° Si creditor fidejussorem pro hypotheca acceperit, solutio locum habet (D. fr. 5, §. 2, h. t.).

3.° Legato pignus cessare potest, veluti si creditor debitori rem obligatam legare permisit; sed ut in venditione, legato repudiato, convalescit pignus. Potest quoque creditor jus pignoris debitori legare, et tum evanescit obligatio (D. fr. 8, §. 11, quib. mod. pign. vel hypoth. solv.).

Multis præterea modis extinguitur jus pignorum :

1.° Pignus est jus in re, extincta re perit quoque pignus (D. fr. 8 pr. quib. mod. pign. vel hypoth. solv.).

2.° Si, jurejurando delato, debitor juraverit vel *se dare non oportere vel hypothecæ non esse rem obligatam*, non jam est pignus (D. fr. 5, §. 3, et fr. 13 h. t.).

Hæc autem omnia ad exemplum referuntur, et ex his alios solutionis casus facile reperies.

DROIT CIVIL FRANÇAIS.

DU NANTISSEMENT.

(Art. 2071 — 2091.)

INTRODUCTION.

Les contrats reposent sur la confiance que le créancier a mise dans son débiteur. Elle est commandée par la probité de celui avec lequel on contracte et par les biens qu'il possède.

Mais la probité est souvent trop douteuse pour que la confiance du créancier ne puisse jamais être ébranlée.

Les biens présentent une sécurité plus grande et plus réelle. Leur quantité, leur valeur sont sans aucun doute, l'élément le plus positif du crédit d'un débiteur. Cependant cette base peut encore être très-fragile; on ne connaît pas les dettes qui pèsent sur le propriétaire et qui diminuent la sécurité que les biens présentent; il peut en contracter encore, qui mettront le créancier en concurrence avec d'autres, et réduiront la créance à peu de chose, parce que tous les créanciers, ayant les mêmes droits, doivent partager également (2093). La loi donne des moyens d'éviter ces inconvénients, de s'assurer de l'exécution des obligations qu'on imposera à un débiteur. Un des plus importants et des plus efficaces est le *Nantissement*, qui fait l'objet de cette thèse.

Pour garantir le créancier du danger de voir évanouir sa dette par la concurrence d'autres créanciers de son débiteur, il faut qu'il puisse les écarter tous, qu'il prélève avant tout autre sur l'objet donné en nantissement et qui fait sa sécurité, le montant de la créance pour laquelle il a reçu le bien du débiteur (2073).

Les sûretés dont un premier créancier a pu s'entourer, le mettent sans aucun doute dans une position plus avantageuse que les créanciers ultérieurs du même débiteur. Mais aussi ces avantages ne doivent pas nuire aux derniers, et il est nécessaire qu'ils ne puissent croire affectés à leur créance des biens qui déjà sont devenus la garantie spéciale d'un autre engagement. Il faut qu'ils puissent s'assurer s'il existe des personnes qui doivent jouir d'une préférence sur ces biens.

De ces idées réunies découlent toutes les dispositions de la loi sur le nantissement.

Du nantissement en général.

Le nantissement est un contrat par lequel un débiteur ou un tiers pour lui, remet au créancier une chose destinée à lui servir de sûreté (2071 et 2077 combinés).

Ce contrat est *réel* : en effet il n'existe que par la tradition de la chose qui en forme l'objet.

Synallagmatique imparfait ; car la seule obligation principale naissant immédiatement du contrat, est celle du créancier qui se trouve engagé à rendre la chose donnée en nantissement quand la dette aura été acquittée.

Le débiteur peut aussi se trouver obligé; mais ces obligations ne sont qu'incidentes au contrat et ne résultent que de faits postérieurs à sa formation.

Le contrat de nantissement est en troisième lieu, *intéressé de part et d'autre ;* car il est formé dans l'intérêt réciproque des parties qui y trouvent : le créancier la sûreté de sa créance, et le débiteur le crédit dont il a besoin et qu'on ne lui ferait pas sans le nantissement.

Enfin la validité de ce contrat n'est soumise à l'observation d'aucune formalité intrinsèque.

Lorsqu'un tiers, par pure obligeance, donne à la prière du débiteur sa propre chose en nantissement, il se forme deux contrats : un contrat de nantissement entre le créancier et le tiers, et un contrat de mandat entre celui-ci et le débiteur.

On peut donner en nantissement toutes les choses mobilières et immobilières qui sont dans le commerce.

Le nantissement d'une chose mobilière s'appelle spécialement *gage;* et celui d'une chose immobilière *antichrèse* (2072).

Occupons-nous d'abord du gage proprement dit.

Du gage.[1] — *Des conditions essentielles à son existence.*

Le gage est un contrat par lequel le débiteur ou un tiers pour lui, remet au créancier un objet mobilier corporel ou incorporel, dans le but de conférer à celui-ci le droit de se faire payer sur cet objet par privilège et préférence à d'autres créanciers (2073 et 2077 comb.).

Toutefois cette cause de préférence n'est pas la même que celle d'où résultent les privilèges proprement dits, ceux qui sont ainsi qualifiés par le Code dans l'article 2095. Et en effet, le privilège est un droit que la qualité de la créance donne à un créancier d'être préféré aux autres créanciers, même hypothécaires (2095), tandis que la cause de la préférence résultant du gage, provient uniquement de la convention faite entre le débiteur et son créancier, et suivie de la remise à celui-ci de la chose sur laquelle réside le gage.

Le législateur, dans l'article 2073, se sert des mots privilège et préférence, voulant par cette espèce de redondance, caractériser davantage l'effet du droit de gage.

[1] Le terme *gage* est souvent pris pour l'objet même qui est donné en nantissement.

On voit d'après la définition même que nous avons donnée du contrat de gage, que trois conditions sont essentielles à son existence, savoir : le consentement des parties, la remise au créancier d'un objet mobilier et l'intention de lui assurer un droit de préférence.

Si la chose se trouvait déjà entre les mains du créancier à un autre titre, le contrat de gage se ferait en convenant que l'objet possédé par le créancier lui demeurerait dorénavant à titre de nantissement.

Des conditions de la validité du contrat de gage et de son efficacité à l'égard des tiers.

Il n'est pas nécessaire, pour la validité du contrat de gage, que la chose appartienne au débiteur qui l'a donnée en nantissement. Ainsi, si celui qui détient un meuble à titre précaire le donne en gage, ce gage est aussi valable que s'il en était le légitime propriétaire. Cependant, si celui-ci avait perdu sa chose, ou si elle lui avait été volée, il pourrait la réclamer pendant trois ans, à compter du jour de la perte ou du vol (2279, al. 2).

Le contrat de gage n'exige aucune formalité spéciale entre les parties : ainsi il est valable s'il est fait verbalement. Mais il n'est efficace à l'égard des tiers qu'autant que les parties ont rempli certaines conditions énoncées aux articles 2074, 2075 et 2076.

Ce contrat ne confère au créancier un droit de préférence sur les autres créanciers du débiteur, que sous les conditions suivantes :

1.° Il doit être constaté par un acte authentique ou sous seing privé, dûment enregistré, dans tous les cas, si l'objet donné en gage est un meuble incorporel, et seulement lorsque sa valeur dépasse cent cinquante francs, si l'objet est un meuble corporel (2074 et 2075).

2.° L'acte doit contenir la déclaration de la somme due, ainsi que l'espèce et la nature des choses remises en gage, ou un état annexé de leurs qualité, poids et mesure (2074).

Nous venons de voir qu'un meuble incorporel pouvait être donné en gage, par exemple une créance mobilière; mais dans ce cas la loi a exigé la signification de l'acte de gage au débiteur de la créance engagée (2075). Le titre doit être remis au créancier, car s'il restait entre les mains du débiteur, il n'y aurait plus de privilége; c'est ce qui a été jugé par la cour de Liége par arrêt du 15 mai 1810 (Sirey, tome XI, page 54, partie II.ᵉ).

Observons que ces formalités ne sont exigées que dans l'intérêt des tiers et pour les mettre à l'abri de toute fraude; il résulte de là que le débiteur ne peut jamais se prévaloir de leur inobservation.

Une question se présente ici, c'est celle de savoir si la formalité de l'enregistrement a été prescrite avec une rigueur telle qu'elle ne puisse être suppléée dans aucun cas; ou bien faut-il admettre que le créancier pourra se dispenser de la remplir toutes les fois que la date de l'acte du gage sera devenue certaine par la mort de l'un des signataires, ou par l'insertion de l'écrit dans un acte authentique.

Les auteurs ne sont pas d'accord sur la solution de cette question : les uns, s'appuyant sur le texte de l'article 1328, prétendent qu'il suffit de la mort de l'un des signataires ou de l'insertion de l'écrit dans un acte authentique : telle est l'opinion de M. Delvincourt; les autres, et nous partageons leur manière de voir, pensent que l'enregistrement est de rigueur pour que le créancier puisse avoir son privilége (M. Duranton, t. XVIII, §. 514, et MM. Aubry et Rau, *Cours de Droit civil français*, t. III, §. 433, note 5).

En matière de commerce, pour assurer un privilége, un écrit est-il indispensable, bien entendu quand il s'agit d'une valeur supérieure à cent cinquante francs? La Cour de cassation a consacré l'affirmative par arrêt du 5 juillet 1820 (Sirey, t. XXI, p. 14, 1.ʳᵉ partie).

L'article 2084, dit cet arrêt, déclare formellement, que les règles qui viennent d'être établies à l'égard du nantissement, ne sont pas applicables aux matières de commerce; mais cet article ajoute que l'on doit suivre, à l'égard du nantissement commercial, les lois qui le concernent. Or, à l'époque de la promulgation du titre XVII du livre III, la loi qui concernait cette espèce de contrat était l'ordonnance de 1673, dont les articles 8 et 9 veulent que le nantissement soit constaté par acte public. Après l'abrogation de cette ordonnance arrivée en 1807, l'article 2084 est donc devenu sans objet, et le Code de commerce a modifié la rigueur de cette disposition par son article 95 ainsi conçu :

Tous prêts, avances ou paiements qui pourraient être faits sur des marchandises déposées ou consignées par un individu résidant dans le lieu du domicile du commissionnaire, ne donnent un privilége au commissionnaire ou dépositaire, qu'autant qu'il s'est conformé aux dispositions prescrites par le Code civil, livre III, titre XVII (2073 à 2084) pour les prêts sur gage ou nantissement.

Ainsi, comme on le voit, cet article en mitigeant la sévérité de l'ordonnance, soumet le nantissement commercial aux mêmes principes que le nantissement civil, et exige par conséquent qu'il soit établi par acte authentique ou par acte sous seing privé, dûment enregistré.

3.° Dans tous les cas, le privilége ne subsiste sur le gage qu'autant que la chose a été mise et est restée en la possession du créancier ou d'un tiers convenu entre les parties (2076).

Le créancier qui aurait remis l'objet engagé à un tiers par suite d'une convention, en vertu de laquelle ce dernier serait obligé de le lui restituer, devrait être considéré comme ayant continué de détenir lui-même.

Qu'arrivera-t-il, si le créancier a perdu l'objet engagé par le fait d'un tiers, ou bien si on le lui a volé? Je crois qu'il faut distinguer avec M. Delvincourt (t. III, p. 439, notes), entre le cas où la chose existe et le cas où elle a péri. Dans le premier cas, si l'objet se trouve entre les mains du débiteur lui-même, le créancier peut le revendiquer en vertu de l'action réelle qui dérive en sa faveur du contrat de gage; seulement le débiteur a la faculté de retenir le gage en remboursant au créancier tout ce qu'il peut lui devoir, tant en capital, qu'en intérêts et frais.

Si la chose se trouve entre les mains d'un tiers, on applique la disposition des articles 2279 et 2280.

Dans le cas où la chose engagée a péri sans la faute du propriétaire, le créancier n'a contre lui qu'une action en répétition du capital, des intérêts de la somme prêtée et de la valeur des impenses qu'il a faites.

Si le gage a péri par le fait d'un tiers, le créancier peut réclamer contre lui des dommages-intérêts outre la valeur de l'objet.

Si le créancier nie avoir reçu un gage, c'est au débiteur à en faire la preuve; il n'est pas admis à la faire par témoins dans le cas où la chose réclamée excède la valeur de cent cinquante francs, à moins toutefois qu'il ne justifie que le gage a été donné dans une circonstance où il n'était pas possible aux parties de faire un acte par écrit (art. 1341 et 1348 comb.).

Des droits du créancier nanti du gage.

1.° A l'égard du débiteur, le créancier a le droit de retenir la chose qui lui a été remise en nantissement, jusqu'au paiement en capital et intérêts de la somme qu'il a prêtée et des dépenses nécessaires et utiles qu'il a faites pour la conservation de la chose engagée (2082, al. 1).

A l'égard des autres créanciers, son droit consiste à se faire payer sur le gage par privilége et préférence.

2.° Bien plus, si le débiteur a depuis l'établissement du gage contracté envers lui une nouvelle dette qui soit devenue exigible avant l'acquittement de la première, il peut retenir l'objet engagé jusqu'au paiement intégral des deux créances, lors même qu'il n'y aurait aucune stipulation pour affecter le gage au paiement de la seconde dette (2082, al. 2).

Cette règle était encore plus étendue en Droit romain; il suffisait pour qu'elle fût applicable, qu'il y eût une autre dette entre les mêmes parties, quand bien même elle aurait été contractée antérieurement à celle pour laquelle le gage avait été donné et qu'elle aurait été payable après celle-ci. Le Code civil, comme nous venons de le voir, ne l'a admise que pour les dettes contractées postérieurement à la mise en gage, mais exigibles avant le paiement de la dette pour sûreté de laquelle le gage a été constitué.

Cette disposition éprouva de l'opposition lors de la discussion au Conseil d'État : ses adversaires s'appuyaient principalement sur ce que l'impignoration consentie pour un objet ne pouvait s'étendre à un autre sans ajouter aux conventions des parties et sans aggraver le sort du débiteur. Peut-être les rédacteurs du Code eussent-ils été plus heureusement inspirés en rejetant complétement la disposition du Droit romain. Cependant pour justifier la prescription de l'article 2082, on peut dire : que le créancier qui a demandé un gage pour assurer l'exécution de l'obligation que le débiteur a contractée envers lui, a montré qu'il n'avait pas une entière confiance dans ce débiteur; et ce sentiment est censé subsister aussi longtemps qu'il ne le détruit pas par un fait positif. Lorsque le débiteur s'engage une seconde fois envers le créancier, si cette dette est exigible avant le paiement de la première, on doit supposer que les parties ont eu la commune intention de contracter sous les mêmes conditions.

Le droit de rétention dont nous venons de parler, n'existe qu'à l'égard du débiteur; le créancier ne peut jamais s'en prévaloir à l'égard des tiers (MM. Aubry et Rau, t. III, §. 434, note 3).

Le droit du créancier est indivisible en ce qu'il affecte chacun et chaque partie des objets donnés en nantissement, et qu'il subsiste en entier jusqu'au paiement intégral de la créance, pour sûreté de laquelle le gage a été établi (2085).

Ainsi l'héritier du débiteur qui a payé sa portion de la dette, ne peut demander la restitution de sa portion dans le gage, tant que la dette n'est pas entièrement acquittée, et réciproquement l'héritier du créancier qui a reçu sa portion de la dette, ne peut remettre le gage au préjudice de ceux de ses cohéritiers qui ne sont pas payés.

Si l'un des héritiers du débiteur paie toute la dette, il est subrogé aux droits du créancier (1251).

3.° D'après l'article 2079, le gage n'est dans la main du créancier qu'un dépôt assurant son privilége; par conséquent le créancier ne peut en disposer en aucune manière à défaut de paiement, mais il peut faire ordonner en justice que ce gage lui demeurera en paiement et jusqu'à due concurrence, d'après une estimation faite par experts, ou qu'il sera vendu aux enchères (2078).

Toute clause, ajoute le même article, qui autoriserait le créancier à s'approprier le gage ou à en disposer sans les formalités ci-dessus, serait nulle.

Mais la vente du gage faite par le débiteur au créancier avant ou après l'échéance de la dette est valable, pourvu qu'il n'y ait pas eu fraude; toutefois celle-ci est en pareil cas fort difficile à prouver, et beaucoup de créanciers, abusant de la position malheureuse de leur débiteur, s'approprient le gage à un prix bien inférieur à sa valeur réelle; mais ce sont des inconvénients qu'il est à peu près impossible de prévenir, et le législateur a mieux aimé ne pas établir formellement la prohibition, que de porter à ce sujet une disposition si facile à rendre illusoire en fait de meubles.

Le débiteur stipulerait-il valablement que le créancier ne pourra faire vendre la chose faute de paiement? La négative n'est pas douteuse; car une telle clause aurait pour effet de rendre inutile le privilége que l'article 2073 accorde au créancier sur le prix de l'objet engagé.

Cependant les juges pourraient accorder un terme de grâce au débiteur en considération de sa position conformément à l'article 1244, et faire surseoir en conséquence à la vente du gage.

Si la chose avait été donnée pour sûreté de plusieurs créances et si le prix était insuffisant pour les éteindre toutes, il faudrait imputer ce prix proportionnellement sur chacune, pourvu toutefois que le gage eût été affecté à la sûreté de toutes les créances par une seule convention. Si au contraire, les créances n'avaient été assurées par le gage qu'en vertu de conventions successives, l'imputation devrait se faire d'abord sur la première créance, puis sur la seconde et ainsi de suite.

4.° Le débiteur doit faire raison au créancier de toutes les impenses nécessaires et utiles que celui-ci a faites pour la conservation de la chose: des premières, pour la totalité de ses déboursés, quand même la chose viendrait à périr, bien entendu sans la faute du créancier, et des secondes, jusqu'à concurrence de la plus-value qui en est résultée à moins que le débiteur n'y ait donné son consentement, ou que la convention ne les ait autorisées (2080, al. 2).

5.° Le créancier a également le droit de demander indemnité pour toutes les pertes que la détention du gage peut lui avoir occasionnées.

Si le créancier vient à être évincé de la possession de la chose engagée, il a contre son débiteur l'action *pigneratitia contraria* pour le faire condamner à substituer à la chose dont il a été dépouillé d'autres choses d'égale valeur, faute de quoi le débiteur sera déchu du bénéfice des termes qui lui avaient été accordés, et contraint tout de suite au paiement (1188). C'est ce qu'il faut décider quand même le créancier paraîtrait n'avoir aucun intérêt au droit de gage, par exemple, si la solvabilité du débiteur n'était pas douteuse.

L'action qui dérive du gage est directe ou contraire suivant les Romains, c'est-à-dire que le gage produit une double action, l'une appelée *actio pigneratitia directa*, l'autre *actio pigneratitia contraria*; la première est donnée au débiteur contre son créancier, la seconde à celui-ci contre le débiteur.

Des obligations du créancier et des droits du débiteur.

1.° La principale obligation du créancier est celle de rendre la chose engagée à celui qui la lui a donnée en nantissement après que la dette a été entièrement acquittée.

Cette obligation s'éteint, lorsque la chose est périe ou quand elle a été perdue sans la faute du créancier; mais c'est à celui-ci à prouver l'accident.

L'action personnelle que le débiteur a contre le créancier pour le retirement de sa chose, est soumise à la prescription ordinaire de trente ans (2262). Mais les trente ans ne commencent à courir qu'à partir du jour où il a pu retirer le gage par le paiement de la dette (2257), et sans préjudice des suspensions et interruptions de prescription telles que de droit, pour minorité ou autres causes.

Mais quant à l'action réelle ou en revendication, elle dure autant de temps que le droit de propriété dans la main du débiteur, et comme le créancier ne détenait la chose qu'à titre précaire, il n'a pu par quelque laps de temps que ce soit, en acquérir la propriété, tant que la possession a conservé un caractère précaire (2236 et 2237). En conséquence le débiteur, en prouvant que c'est sa chose peut la revendiquer, même après les trente ans, contre le créancier ou les héritiers dans les mains desquels elle se trouverait.

2.° Le créancier répond de la perte ou détérioration du gage survenue par sa négligence, car il doit veiller en bon père de famille à la conservation de la chose engagée (2080).

Il résulte de là que dans le cas où le gage consiste en une créance, le créancier doit à l'échéance faire les actes conservatoires et les poursuites pour le recouvrement dont l'omission ou le retard pourrait entraîner quelque déchéance.

Il est tenu de la faute que l'on nomme légère (*culpa levis*).

3.° Le débiteur a le droit, même avant d'avoir désintéressé le créancier, de réclamer la restitution du gage, si celui-ci s'en sert sans autorisation, ou si, autorisé à s'en servir, il en abuse (2082, al. 1).

4.° Le créancier doit rendre compte à celui qui lui a donné le gage, des fruits qu'il a perçus et de tous les produits qu'il en a retirés. Car le tout doit venir en déduction et paiement de la dette pour laquelle la chose lui a été donnée en nantissement.

S'il s'agit d'une créance donnée en gage et qu'elle produise des intérêts, le créancier les impute sur ceux qui peuvent lui être dus (2081, al. 1).

Si la dette pour laquelle la créance a été donnée en gage ne porte point d'intérêts, l'imputation se fait sur le capital (2081, al. 2), et si elle en produit, mais de moindres que ceux de la créance donnée en gage, l'imputation de la différence a lieu également sur le capital; en sens inverse, si c'est la créance donnée en gage qui produit les moindres intérêts, il ne se fait une compensation que jusqu'à due concurrence.

POTHIER pense que le créancier doit rendre compte non-seulement des fruits qu'il a perçus, mais même de ceux qu'il a manqué de percevoir par sa faute. En voici le motif. Quand le débiteur donne en nantissement à son créancier une chose qui produit des fruits, il la lui donne non-seulement pour la détenir comme sûreté de sa créance, mais encore pour en percevoir les fruits en paiement de cette créance. Le créancier est donc censé chargé par le contrat de faire cette perception à la place et au profit de son débiteur, qui ne peut faire valoir la chose qu'il ne possède plus. Il paraît donc juste et conforme aux principes de conclure que le créancier doit apporter à la chose tous les soins qu'elle demande, et par conséquent tenir compte des fruits qu'il a manqué de percevoir par sa faute et sa négligence.

Le créancier qui a eu l'autorisation de faire vendre le gage faute de paiement, doit rendre compte au débiteur du prix de la chose engagée.

Des maisons de prêt.

Les règles que nous venons d'exposer sur le nantissement ne s'appliquent pas aux maisons de prêt sur gage autorisées à l'égard desquelles on suit les lois et règlements qui les concernent (2084).

Prohibées dans l'ancienne jurisprudence, les maisons de prêt sur gages ne commencèrent à s'ouvrir qu'après que la loi du 2 octobre 1789 eût autorisé d'une manière absolue le prêt à intérêt. Mais d'énormes abus se manifestèrent bientôt dans ces nouveaux établissements. C'est pour y mettre fin qu'une loi du 16 pluviôse an XII déclara qu'à l'avenir les maisons de prêt sur nantissement ne pourraient être établies qu'au profit des pauvres et avec l'autorisation du Gouvernement. Cette prohibition a été aussi consacrée par l'article 411 du Code pénal.

Des monts-de-piété.

On désigne par mont-de-piété un établissement où l'on prête de l'argent au public sur nantissement moyennant un certain intérêt. Créés uniquement pour le soulagement des pauvres, les monts-de-piété envoient tous leurs bénéfices aux bureaux de bienfaisance et aux hospices. C'est cette destination particulière qui les distingue des maisons de prêt dont nous venons de parler.

Les premiers monts-de-piété s'élevèrent en Italie au XVe siècle. Des personnes charitables, voulant arrêter dans le commerce de leur ville les progrès désastreux de l'usure, réunirent des capitaux et formèrent une caisse publique, où leurs concitoyens pouvaient venir puiser des secours. Bientôt des établissements du même genre furent ouverts sur tous les points de l'Italie, et l'exemple de ce pays ne tarda pas à être imité par les Pays-Bas et nos provinces du nord. Mais les progrès de cette institution ne se manifestèrent pas si promptement dans les autres parties de la France. C'est en vain que Louis XIII et Louis XIV essayèrent d'établir un mont-de-piété à Paris : des circonstances vinrent toujours s'opposer au succès de leurs efforts. Louis XVI fut plus heureux : par lettres patentes du 9 décembre 1777 il érigea à Paris un mont-de-piété, qui fut ouvert au public le 1.er janvier 1778. Mais pendant la révolution, après la création du papier-monnaie, ce mont-de-piété fut obligé de discontinuer ses opérations; il ne fut rétabli qu'après que les assignats eurent été démonétisés. Alors, et particulièrement après que la loi du 16 pluviôse an XII eût aboli les maisons de prêt non autorisées, commença la prospérité de cet établissement. Un décret du 8 messidor an XIII ordonna que le mont-de-piété serait régi sous l'autorité du ministre de l'intérieur, et présenta en même temps un règlement qui fixa le nombre de ses fonctionnaires, leurs attributions et les règles à suivre dans les diverses opérations auxquelles devait se livrer l'établissement. C'est ce même règlement qui, sauf quelques légères modifications, est encore aujourd'hui la loi du mont-de-piété.

De l'antichrèse.[1]

Notion de ce contrat.

L'antichrèse est un contrat par lequel le débiteur ou un tiers pour lui, met le créancier en possession d'un immeuble avec autorisation d'en percevoir les fruits pour les imputer annuellement, soit sur les intérêts s'il lui en est dû, et en cas d'excédant sur le capital de sa créance, soit sur le capital seulement, s'il ne lui est pas dû d'intérêts (2085 et 2090 comb.).

Le mot antichrèse avait dans l'ancienne jurisprudence la même signification que dans la loi nouvelle. Mais la prohibition du prêt à intérêt, qui existait particulièrement dans la plupart des pays coutumiers, avait dû entraîner la prohibition de l'antichrèse. L'usage de ce contrat fut même presque entièrement aboli dans tout le royaume, dès le moment où les canons de l'Église vinrent le condamner formellement. C'est alors que, pour dérober aux regards de la justice leurs stipulations usuraires, les créanciers inventèrent une nouvelle espèce de contrat, par lequel le débiteur paraissait vendre à faculté de rachat à son créancier un héritage dont, par le même acte, le créancier lui consentait un bail moyennant

[1] Αντιχρησις, jouissance en compensation d'une autre chose.

un prix qui tenait lieu des intérêts de la somme prêtée. Ce contrat reçut le nom de *contrat pignoratif* ; il fut ainsi appelé parce que la vente qui y était stipulée, n'était véritablement qu'une impignoration ou engagement. On sent que la nullité devait en être prononcée toutes les fois qu'il apparaissait aux yeux des juges d'après les clauses de l'acte. Après que la loi du 2 octobre 1789 eût autorisé le prêt à intérêt sans imposer aucunes limites aux conventions des parties, le contrat pignoratif de même que l'antichrèse, ne dut être l'objet d'aucune prohibition. Cependant, comme l'attestent les monuments de la jurisprudence, ce contrat devait encore exciter l'attention des magistrats. Il fallait en effet examiner si les contrats qui, quoique formés sous la loi de 1789, présentaient tous les caractères auxquels on reconnaissait dans l'ancien Droit le contrat pignoratif, devaient être exécutés comme de véritables ventes ou comme simples contrats d'engagement. La même difficulté devait se reproduire après la promulgation du Code civil, qui n'avait rien changé à la législation préexistante à l'égard du prêt à intérêt. Mais le contrat pignoratif semble avoir pris une bien autre importance depuis la loi du 3 septembre 1807, qui, en défendant aux créanciers de stipuler des intérêts supérieurs aux taux qu'elle détermine, proscrit par là tous les moyens indirects qui auraient pour but d'éluder sa prohibition.

Des conditions de la validité du contrat d'antichrèse et de son efficacité à l'égard des tiers.

La plupart des règles que nous venons de développer pour la validité et l'efficacité du gage, s'appliquent à l'antichrèse; cependant il est quelques exceptions. Ainsi nous avons vu que, pour que le gage fût valable, il n'était pas nécessaire qu'il fût donné par le propriétaire, tandis que pour livrer un immeuble à titre d'antichrèse, il faut en être propriétaire et avoir la capacité d'en disposer.

Le droit d'usufruit est susceptible d'antichrèse (PROUDHON, *De l'usu-*

fruit, t. I.*er*, p. 85). Remarquons en passant que notre loi n'a pas admis ici la décision du Droit romain d'après lequel l'usufruit, du moins en principe, n'était pas susceptible d'être engagé par l'usufruitier.

L'antichrèse ne s'établit que par écrit (2085). Il ne faut pas cependant croire que ce contrat n'est valable que quand il a été constaté par écrit. La loi a simplement voulu faire pour l'antichrèse ce qu'elle avait fait pour le gage. A l'égard des parties, l'antichrèse est valable si elle a été faite verbalement; mais la preuve testimoniale n'est pas admise, et quand on veut opposer une antichrèse à des tiers, il faut un écrit ayant date certaine.

En appliquant à l'antichrèse l'idée générale que nous avons prise du nantissement, on y voit un contrat réel, intéressé de part et d'autre et synallagmatique imparfait. Aussi je pense, argumentant de l'article 1325, que l'acte sous seing privé signé du débiteur, quoique non fait double, ou fait double mais sans contenir la mention du nombre d'originaux qui ont été faits, prouve suffisamment la convention d'antichrèse. Peut-être est-il une exception admissible dans le cas où il aurait été convenu que les fruits se compenseraient avec les intérêts : dans ce cas, en effet, le contrat aurait beaucoup d'analogie avec le louage qui est un contrat parfaitement synallagmatique; et encore la mise en jouissance du créancier pourrait-elle être considérée comme complétant suffisamment la preuve résultant de l'écrit fait simple.

Des droits du créancier avec antichrèse et des obligations du débiteur.

1.° Le débiteur ne peut, avant l'entier acquittement de la dette, réclamer la jouissance de l'immeuble qu'il a remis en antichrèse (2087).

Cependant cette règle devrait, je crois, souffrir exception dans le cas où le créancier viendrait à abuser de la chose. L'article 2082 en porte la disposition formelle à l'égard du gage; l'article 618 met aussi fin pour la même cause à la jouissance de l'usufruit. Quel motif raisonnable pourrait-on invoquer pour ne pas étendre au cas de l'antichrèse le bénéfice de ces dispositions?

2.° Le créancier a le droit de percevoir les fruits de l'immeuble, mais à la charge de les imputer sur ce qui lui est dû, et par conséquent il doit en rendre compte au débiteur (2085, al. 2).

Cependant les parties peuvent convenir que les fruits se compenseront avec les intérêts, soit en totalité, soit jusqu'à une certaine concurrence. Cette convention est valable et doit s'exécuter comme toute autre qui n'est point prohibée par la loi (2089).

Cette dernière disposition, à l'époque de la promulgation du Code civil, était valable sans aucune restriction; car les parties pouvaient stipuler dans le contrat de prêt des intérêts aussi forts qu'elles le jugeaient convenable. Mais depuis, cette liberté ayant été restreinte par la loi du 3 septembre 1807, qui prohibe toute stipulation portant les intérêts en matière civile au delà de cinq pour cent, il est évident que la convention permise par l'article 2089, ne pourrait plus avoir la même étendue, et qu'au contraire la valeur des fruits à compenser ne devrait pas dépasser le maximum des intérêts dont la stipulation est permise.

L'antichrèse consistant dans l'imputation périodique des fruits de l'immeuble sur les intérêts et le capital de la créance, il est évident que le créancier est censé s'être soumis à recevoir son remboursement par partie (PROUDHON, *De l'usufruit*, t. I.ᵉʳ, p. 83).

Il faut observer que cette division de la dette en paiements partiels n'affecte en rien l'antichrèse, laquelle comme le gage, reste toujours indivisible. Ainsi le débiteur qui aurait pour sûreté de la même dette engagé plusieurs immeubles, ne pourrait en réclamer aucun avant son entière libération.

La possession de l'immeuble pouvant être onéreuse, puisque le créancier doit pourvoir à son entretien, celui-ci peut l'abandonner et forcer le débiteur à le reprendre; et, en effet, le contrat de nantissement est tout en sa faveur; il peut donc y renoncer, il peut faire remise de l'obligation qui en résulte, à moins qu'il n'y ait eu stipulation contraire; dans ce cas, les parties ayant assez manifesté que ce n'était pas une faveur exclusive pour le créancier, la stipulation devra être observée.

Toute clause qui autoriserait le créancier à défaut de paiement au terme fixé, à vendre l'immeuble engagé, serait nulle.

Du reste, comme dans le cas de gage, la vente faite par le débiteur au créancier depuis l'acte d'antichrèse, est valable.

Les parties peuvent-elles stipuler qu'à défaut de paiement l'immeuble demeurera au créancier suivant estimation? Une telle clause ne dénature pas le caractère de l'antichrèse; aussi est-elle admise sans difficulté, à condition toutefois que l'estimation sera faite en justice.

L'opinion contraire compte cependant quelques partisans, tels que MM. Dalloz et Delvincourt. Ils se fondent sur ce que le Code civil qui autorise cette mesure pour le gage garde le silence à l'égard de l'antichrèse. Mais cette raison est, je crois, peu concluante; il n'y a pas parité entre les deux cas. L'article 2078 en effet, dans le cas de gage, ne suppose pas l'existence d'une convention préalable, et ne donne d'autre fondement au droit du créancier que l'autorité de la justice. Dans la question qui nous occupe au contraire, la cession n'a lieu qu'en vertu du consentement du débiteur; or, celui-ci est bien libre de renoncer à son droit.

Mais, faut-il penser que, dans le cas de non-paiement de la dette, l'expropriation de l'immeuble donné en antichrèse soit pour le créancier le seul moyen légal de parvenir à l'aliénation? Le débiteur ne pourrait-il pas autoriser son créancier à vendre l'immeuble aux enchères devant un notaire commis par la justice? Je pense que cette convention doit être exécutée. Sans doute, l'article 2088 ne parle que de l'expropriation forcée; mais comment supposer que le législateur, en ne mentionnant nominativement que cette espèce de poursuite, ait voulu interdire celle qui, en présentant les mêmes garanties pour le débiteur, nécessiterait une moindre complication de formalités, et par conséquent beaucoup moins de frais? D'ailleurs, les articles 743 et suivants du Code de procédure civile donnent au débiteur exproprié la faculté de demander que l'adjudication soit faite aux enchères devant notaire. Cette opinion, professée par M. Delvincourt, a été consacrée par un arrêt de la Cour de Trèves du 15 avril 1813, rapporté par Sirey, t. XIV, II.ᵉ, 11.

M. Duranton est d'un avis tout à fait opposé ; il pense qu'il n'y a lieu qu'à l'expropriation par voies légales ; « et, quand bien même, dit-il, il aurait été convenu par l'acte d'antichrèse qu'à défaut de paiement au terme fixé le créancier pourrait vendre l'immeuble, cette clause serait sans effet, » (Bourges, 8 février 1810, Sirey 1812, II, 20); Turin, 21 juillet 1812 ; Sirey 1813, II, 223).

L'on doit aussi considérer comme valable, la vente de l'immeuble faite volontairement par le débiteur au créancier, soit avant, soit après l'échéance de la dette.

Le créancier qui a un droit d'antichrèse et qui a recours à l'expropriation forcée, éteint par cela même l'antichrèse ; il perd son droit de rétention, et rentre dans la classe des créanciers ordinaires, sauf à lui, s'il a d'ailleurs sur le fonds des priviléges ou hypothèques légalement établis et conservés, à les exercer à son ordre (2091, al. 2).

Lorsqu'un débiteur donne en antichrèse un bien déjà hypothéqué, il le donne tel qu'il le possède ; le contrat ne nuit point aux créanciers antérieurs qui ont déjà des droits d'hypothèque. Le débiteur peut aussi hypothéquer son bien après l'antichrèse pour une autre dette ; mais dans ce cas les créanciers hypothécaires sont postérieurs au créancier nanti, tant pour la dette assurée par l'antichrèse, que pour celles qui existaient antérieurement, si elles ont été valablement hypothéquées et conservées (2091).

Des obligations du créancier avec antichrèse.

1.° Les impositions publiques étant une charge des fruits, le créancier doit les acquitter, à moins qu'il n'y ait stipulation contraire, sauf à prélever ses déboursés ou à les répéter contre le débiteur.

2.° Le créancier nanti des immeubles pour sûreté de sa dette, doit en avoir les mêmes soins qu'un bon père de famille; il doit donc pourvoir à l'entretien et aux réparations utiles et nécessaires de ces biens; et s'il ne satisfait pas à cette obligation, il peut être condamné à des dommages-intérêts.

3.° Le créancier doit restituer l'immeuble au débiteur dès qu'il a été payé intégralement de sa créance (2087, al. 1).

DROIT ADMINISTRATIF.

DE L'APPEL EN MATIÈRE ADMINISTRATIVE. — DE SES EFFETS. — DES DÉLAIS DE L'APPEL.

Le magistrat, tout éclairé et impartial qu'il soit, n'est malheureusement pas au-dessus de l'erreur; aussi le législateur a-t-il ouvert aux parties le moyen de la rendre réparable, en établissant deux degrés de juridiction, qui se retrouvent dans les affaires administratives aussi bien que dans les affaires civiles et commerciales.

Sur l'appel, toutes les affaires administratives se ramènent à la décision souveraine du Conseil d'État.

Voici comment se font les dévolutions :

1.° L'appel de tous les arrêtés rendus par les conseils de préfecture, en matière contentieuse, se porte devant le roi en Conseil d'État, à l'exception des arrêtés rendus sur la comptabilité des communes, des hospices et des établissements de bienfaisance, dont l'appel se porte devant la Cour des comptes.

2.° L'appel des arrêtés des préfets, rendus en conseil de préfecture, se porte également devant le Conseil d'État.

Il en est de même des arrêtés de préfets contre lesquels cette voie de recours a été formellement établie par la loi.

Tous les autres arrêtés de préfets qui seraient empreints du caractère de la juridiction contentieuse, doivent être d'abord déférés au ministre que la matière concerne, sauf contre la décision à rendre par le ministre un recours ultérieur devant le Conseil d'État, par la voie contentieuse.

Il y a toutefois une exception à cette dernière règle, dans le cas où les arrêtés du préfet sont argués d'excès de pouvoir et d'incompétence; il est loisible aux parties lésées de recourir, soit au Conseil d'État directement, soit au ministre compétent.

3.° L'appel des décisions prises par les ministres en matière contentieuse se porte également devant le roi en Conseil d'État.

4.° L'appel des décisions des maires se porte en matière de courses de chevaux devant les préfets, sauf recours ultérieur au Conseil d'État.

En matière de police de roulage, devant le conseil de préfecture, puis enfin devant le Conseil d'État.

En matière de voirie et de péril imminent, devant le préfet, puis le ministre, et enfin devant le Conseil d'État.

En matière de contributions indirectes, devant le préfet en conseil de préfecture, et enfin devant le Conseil d'État.

En matière d'élections municipales, devant le préfet, devant le ministre, et enfin devant le Conseil d'État.

En matière de logement des gens de guerre, devant le préfet, le ministre, et enfin devant le Conseil d'État, si une telle matière pouvait comporter tant de recours.

5.° L'appel des décisions des sous-préfets se porte:

En matière d'octroi de navigation, devant le préfet en conseil de préfecture, sauf recours en Conseil d'État.

En matière de recrutement de l'armée, devant le conseil de révision; en matière de grande voirie, au préfet quant au provisoire, et pour le définitif, devant le conseil de préfecture, et enfin devant le Conseil d'État.

6.º L'appel des décisions des conseils des facultés en matière de discipline universitaire et dans le cas d'exclusion d'une faculté prononcée contre un élève, se porte devant le conseil académique, et enfin devant le conseil royal de l'instruction publique.

7.º L'appel des décisions académiques est dévolu au conseil royal de l'instruction publique.

8.º L'appel des décisions des comités d'arrondissement, qui réprimandent, suspendent ou révoquent un instituteur primaire, se porte devant le conseil royal de l'instruction publique.

9.º L'appel des décisions du conseil royal lui-même, lorsqu'elles sont rendues en matière du contentieux administratif des académies et des écoles, se porte devant le Conseil d'État.

10.º Enfin, les ordonnances du grand-maître de l'université dans les cas où il statue seul et provisoirement, se défèrent nécessairement au conseil royal de l'instruction publique.

11.º En matière de prises maritimes, l'appel de tous les jugements des commissions se porte au Conseil d'État, qui remplace aujourd'hui le conseil des prises.

12.º Tous les arrêtés des commissions spéciales de travaux publics sont sujets à l'appel devant le Conseil d'État.

13.º Et enfin c'est encore devant le Conseil d'État que se porte l'appel des décisions des conseils privés ou d'administration des colonies.

Ainsi, le plus souvent dans la sphère du contentieux de l'administration, deux degrés de juridiction sont offerts aux parties, et dans quelques cas celles-ci peuvent user même de trois dévolutions de cette nature, c'est-à-dire, exercer plusieurs recours successifs.

Enfin, au-dessus de toutes les autorités et comme investi du pouvoir exécutif, le Roi exerce le droit de régler par des ordonnances rendues sur conflit, les attributions entre les deux autorités administrative et judiciaire ; et par conséquent de mettre au néant les actes émanés, soit de l'administration, soit de la justice, dans le cas où l'une ou l'autre a transgressé la ligne séparative de sa compétence.

Le recours au Conseil d'État est ouvert contre les décisions interlocutoires ou définitives. Quant aux décisions préparatoires, on ne peut en appeler à part, mais seulement après l'arrêté définitif. L'appel des arrêtés par défaut n'est pas reçu; la voie de l'opposition étant ouverte jusqu'à l'exécution, doit d'abord être épuisée. Les décisions contradictoires doivent être notifiées à la partie condamnée, pour faire courir le délai du recours au Conseil d'État. Ce délai est de trois mois. (Décret du 22 juillet 1806, art. 11.)

Il est le même pour toute la France; mais les individus qui demeurent hors de la France continentale ont en outre le délai réglé par l'article 73 du Code de procédure civile.

On a élevé la question de savoir, si dans la supputation du délai de trois mois on devait compter les jours *a quo* et *ad quem*. Le Conseil d'État avait d'abord adopté l'affirmative (arrêt du 17 juin 1818); mais il est revenu à la doctrine contraire qui est celle du Code de procédure civile, et il décide aujourd'hui que l'on doit en matière administrative comme en matière ordinaire, appliquer le délai franc (arrêts des 15 et 20 juillet 1832).

Le mode de signification a donné lieu à des difficultés que la jurisprudence a résolues par une distinction. Toutes les décisions rendues entre particuliers et corporations doivent être notifiées par le ministère d'un huissier. Mais lorsqu'il s'agit d'une décision rendue par les ministres au profit de l'État, la notification administrative par lettres des ministres, des préfets ou autres agents délégués pour cet objet, suffit pour faire courir contre les parties que cette décision condamne, le délai de la déchéance. M. DE CORMENIN critique avec raison cette jurisprudence.

Il n'est pas besoin de dire que l'acquiescement à une décision en premier ressort, même non notifiée, rendrait le pourvoi non recevable.

En matière civile, l'appel formé contre un jugement de première instance suspend l'exécution, à moins que les tribunaux n'aient ordonné l'exécution provisoire dans les cas déterminés par la loi. C'est le contraire en matière administrative. La célérité nécessaire à la marche de l'administration a fait poser en principe que le recours au Conseil d'État ne serait pas suspensif; cependant, lorsque l'exécution entraînerait un préjudice irrémédiable, il peut être accordé un sursis par le Conseil d'État. (Décret du 22 juillet 1806, art. 4.)

FIN.

www.ingramcontent.com/pod-product-compliance
Lightning Source LLC
Chambersburg PA
CBHW060520050426
42451CB00009B/1083